Andrzej Zielinski

Os sistemas de telecomunicações móveis mudaram as comunicações electrónicas

Andrzej Zielinski

Os sistemas de telecomunicações móveis mudaram as comunicações electrónicas

ScienciaScripts

Imprint

Any brand names and product names mentioned in this book are subject to trademark, brand or patent protection and are trademarks or registered trademarks of their respective holders. The use of brand names, product names, common names, trade names, product descriptions etc. even without a particular marking in this work is in no way to be construed to mean that such names may be regarded as unrestricted in respect of trademark and brand protection legislation and could thus be used by anyone.

Cover image: www.ingimage.com

This book is a translation from the original published under ISBN 978-620-2-07177-2.

Publisher:
Sciencia Scripts
is a trademark of
Dodo Books Indian Ocean Ltd. and OmniScriptum S.R.L publishing group

120 High Road, East Finchley, London, N2 9ED, United Kingdom
Str. Armeneasca 28/1, office 1, Chisinau MD-2012, Republic of Moldova, Europe
Printed at: see last page
ISBN: 978-620-8-27858-8

Índice

O presente estudo foi elaborado em 2013 e publicado no Journal of Telecommunication and Information Technology n.º 2, 2013. Esta edição de 2017 do estudo foi, em certa medida, melhorada e actualizada por Andrzej Zielinski.

Os autores expressam a sua esperança de que o documento apresentado agora, em 2017, ainda esteja atualizado e seja válido.

CAPÍTULO 1
Introdução

Os sistemas celulares são o principal elemento das comunicações móveis (rádio) e começaram a moldar todo o desenvolvimento das comunicações electrónicas, incluindo a Internet de banda larga e os meios de comunicação electrónicos.

Os primeiros sistemas celulares, designados por telefonia celular, surgiram nos EUA na década de 70 e destinavam-se a comunicações pessoais de voz (telefonia). Na fase inicial do seu desenvolvimento, prevaleceram os sistemas analógicos, tanto no processamento do sinal como na sua transmissão no espaço livre. Estes sistemas são designados por sistemas de primeira geração e estão marcados pelo símbolo 1G.

Na Europa, no início dos anos 80, o sistema analógico NMT 450 (Nordic Mobile Telephony) ganhou a maior popularidade, funcionando na banda de frequência de 450 MHZ. O sistema foi desenvolvido na Escandinávia, principalmente pela empresa Ericsson, e foi aceite em 1992 na Polónia e implementado pela empresa afiliada da TP SA, Centertel (hoje Orange).

Na Europa, no início dos anos 80, foram iniciados estudos para o desenvolvimento de um sistema mais modem, totalmente digital, conhecido pelo nome de GSM, acrónimo atual de Global System for Mobile Communications (inicialmente Groupe Special Mobile, nome do comité iniciado pela CEPT em 1982). Após a criação do ETSI (European Telecommunications Standards Institute), o instituto continuou a trabalhar no GSM, estabelecendo a norma europeia para este sistema através da emissão das especificações do sistema em 1991. A partir daí, iniciou-se a carreira europeia do sistema GSM, seguida da carreira mundial, tornando o GSM a norma dominante para as telecomunicações móveis (celulares) no mundo. O sistema GSM definido pela norma ETSI mencionada é designado por sistema de segunda geração e é marcado pelo símbolo 2G.

Na Polónia, a era GSM foi iniciada pelo Ministro das Comunicações (Correios e Telecomunicações), que emitiu em 1996 duas novas licenças GSM para as empresas Polkomtel (denominação comercial Plus) e Polska Telefonia Cyfrowa PTC (denominação comercial Era, atualmente T-Mobile). Mais tarde, as licenças GSM foram concedidas às empresas Centertel (atualmente Orange) e Play (inicialmente denominada P4).

O novo fator que impulsiona o desenvolvimento dos sistemas celulares e o seu impacto no desenvolvimento dos sistemas de comunicações electrónicas é o recente aparecimento, nos últimos cinco anos, da nova geração de terminais celulares, como os smartphones e, mais tarde, os tablets. A importância deste fenómeno será discutida mais adiante neste estudo.

CAPÍTULO 2

O desenvolvimento dos sistemas de telecomunicações móveis do GSM

O sistema GSM, inicialmente desenvolvido para as necessidades de telefonia, continua a incluir muitos serviços adicionais, tornando-se o sistema de comunicação digital universal que engloba muitos serviços (para além da voz), desde o popular SMS até aos serviços Internet, incluindo multimédia.

É de salientar que o sistema GSM, desenvolvido pelo esforço conjunto dos países europeus para quase todo o continente, se tornou a norma a nível mundial. Embora nos EUA outros sistemas celulares semelhantes tenham ganho popularidade, a política conjunta e consistente dos governos europeus induziu o êxito mundial deste sistema.

O GSM continuou a desenvolver as suas tecnologias para captar novas bandas de frequência e aumentar o débito de transmissão, tendo permanecido a base das variações subsequentes do sistema, alargando o leque das suas aplicações.

O sistema GSM, inicialmente desenvolvido para uma banda de frequência de 900 MHz, devido ao elevado crescimento do mercado do serviço móvel e do número de assinantes, foi implementado na banda de 1800 MHz, também conhecido como sistema DCS 1800 (Digital Communication System in band 1800 MHz). Devido a razões de propagação (alcances mais curtos), o DCS 1800 é oferecido maioritariamente em aglomerações urbanas, caracterizadas por uma elevada densidade populacional.

Pouco depois, na década de 90, foi desenvolvida a tecnologia GPRS (General Packet Radio Service), que permite ao GSM transmitir dados móveis com um débito teórico de 115 kbps (na prática, 35 kbps na maioria das aplicações), seguida da tecnologia EGPRS (Extended GPRS), conhecida por EDGE (Enhanced Data for Global Evolution). Os sistemas GSM que utilizam a tecnologia EDGE permitem um débito de transmissão de dados que, teoricamente, pode atingir 473 kbps, mas que, na maioria dos casos, é de 236,8 kbps. Informalmente, o GSM com esta tecnologia é por vezes designado como a geração 2,5G (ou mesmo 2,75G) deste sistema.

No final dos anos 90, foi desenvolvida uma outra melhoria do GSM, denominada UMTS (Universal Mobile Telecommunications System), designada 3G. Por defeito, o UMTS permite um débito de transmissão de dados de 384 kbps. As redes GSM e UMTS são compatíveis e os telemóveis funcionam como terminais para ambas as redes.

Em conjunto, todas estas tecnologias desenvolvidas devem ser consideradas como uma família de sistemas celulares GSM.

Na década de 2000, foram criadas expansões subsequentes do sistema GSM, denominadas HSPA (High Speed Packet Access) e, em seguida, HSPA+, permitindo uma taxa de dados de até 14 Mbps no HSPA e 28 Mbps no HSPA+. Estes sistemas são normalmente designados por geração 3,5G do sistema.

Em 2008, foi proposta outra norma para as telecomunicações móveis com o nome de LTE (Long Term Evolution), que apresenta parâmetros de transmissão muito melhores do que os das suas antecessoras, sobretudo o débito de transmissão até 100 Mbps, quase tão elevado como o das redes fixas de fibra ótica. Estão em curso trabalhos sobre uma norma definida como LTE Advanced (LTEA), que está prestes a apresentar uma taxa de transmissão na ordem dos 1 Gbps. Esta norma foi aceite em 2013.

Em princípio, o sistema LTE já se tornou uma norma mundial. Em muitos países, incluindo a América do Norte (EUA e Canadá), o Brasil, a Alemanha, a Escandinávia, a Europa Centro-Oriental (incluindo a Polónia), a Federação Russa, a Índia e a Austrália, o LTE já era utilizado em redes comerciais em 2012. Na China, na Europa Ocidental, no México e noutros países, a LTE está a ser preparada para comercialização ou está a ser testada.

O consórcio internacional 3GPP (3rd Generation Partnership Project) desempenha um papel importante no desenvolvimento de normas móveis, reunindo 6 parceiros de normas da América do Norte, Ásia e Europa (ETSI). Entre outras, o 3GPP estabeleceu as normas UMTS (IMT-2000), HSPA+, LTE e LTEA.

Recentemente, foi elaborado um novo sistema de telecomunicações móveis de próxima geração, o 5G, com uma taxa de transmissão prevista de cerca de dezenas de Gbps. O sistema é fundamentalmente diferente em comparação com o LTE. Prevê-se que o sistema 5G seja aplicado, em primeiro lugar, no desenvolvimento de redes da Internet das coisas (loT), nos transportes, na economia de dados e também na medicina.

Atualmente, o 5G ainda não está totalmente normalizado, mas as suas principais especificações foram aceites pela UIT e o sistema já está a ser desenvolvido e testado. Presume-se que o sistema estará totalmente normalizado em 2020.

Uma certa variante das telecomunicações móveis é a norma Wi-Fi (na realidade, algumas normas da série IEEE 802.11), concebida principalmente para o acesso à Internet em WLANs (Wireless Local Area Network) locais, funcionando em bandas não licenciadas, principalmente em 2,4 GHz. Esta tecnologia é utilizada por particulares para pequenas redes de acesso em apartamentos e casas, bem como por entidades que fornecem acesso à Internet em espaços públicos - em cafés, estações de comboios, hotéis, escritórios, etc.; os chamados hot-spots. Esta técnica também pode ser utilizada para cobrir áreas maiores, como cidades ou municípios. Nos EUA, a FCC está a estudar um projeto de construção de redes Wi-Fi públicas gratuitas praticamente em todas as cidades, embora com uma forte resistência dos operadores de redes celulares [1]. Por enquanto, a escala mundial deste tipo de empreendimentos é ainda reduzida, mas em muitos países, incluindo a Polónia, pratica-se o acesso à Internet do tipo hot spot Wi-Fi. Esta tecnologia está a ser desenvolvida, mas em complementaridade com as redes GSM.

CAPÍTULO 3

Desenvolvimento do mercado mundial de sistemas de telecomunicações móveis

O historial acima referido do desenvolvimento da família de sistemas GSM revela claramente o enorme e abrangente progresso tecnológico neste domínio. Este progresso é caracterizado por um rápido crescimento do mercado mundial de serviços de telecomunicações móveis juntamente com serviços de Internet, porque (à semelhança da telefonia fixa) a infraestrutura de telefonia móvel é utilizada com êxito para provar o serviço de acesso à Internet. Foi esse o principal objetivo dos sucessivos melhoramentos do sistema GSM, incluindo o mais recente - o LTE.

A percentagem de penetração de um determinado serviço é a medida do desenvolvimento do mercado do serviço, mais comummente entendida como o número de utilizadores do serviço por 100 habitantes. A penetração do serviço de telecomunicações móveis atinge valores impressionantes a nível mundial, ultrapassando substancialmente os 100, o que significa que o número de terminais utilizados (cartões SIM) é significativamente superior ao número de cidadãos. Este último é qualificado por várias razões, mas possivelmente resulta simplesmente da mudança dos utilizadores do antigo telefone registado para um terminal de modem, como um smartphone multifunções.

É de salientar que o rápido desenvolvimento das telecomunicações móveis é privilégio não só das sociedades ricas, embora os níveis de penetração superiores a 100 ocorram apenas nesses países, mas também dos países em desenvolvimento. As telecomunicações móveis atingem valores significativos de penetração de serviços porque os serviços disponíveis ultrapassam o serviço de voz (serviço de Internet e outros serviços em desenvolvimento recente) e constituem um forte catalisador do crescimento económico dessas sociedades.

Na Fig.l, retirada dos recursos estatísticos [2] da UIT (International

União das Telecomunicações), mostramos a história do crescimento mundial do sector das telecomunicações móveis durante a última década, com uma indicação desse crescimento nos países desenvolvidos, nos países em desenvolvimento e numa média mundial.

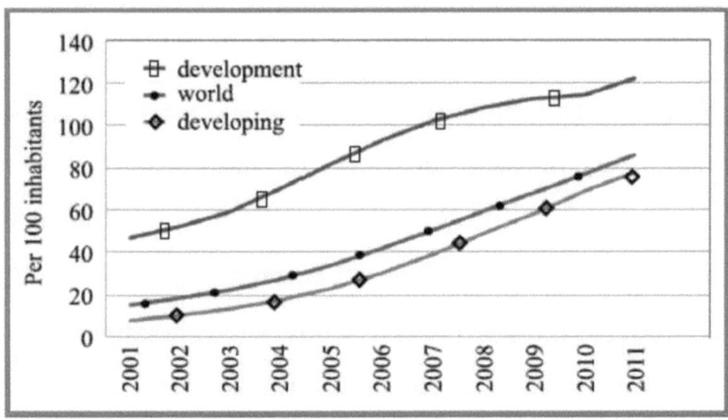

Fig.l Penetração mundial de telemóveis por 100 habitantes nos anos 2001 - 2011

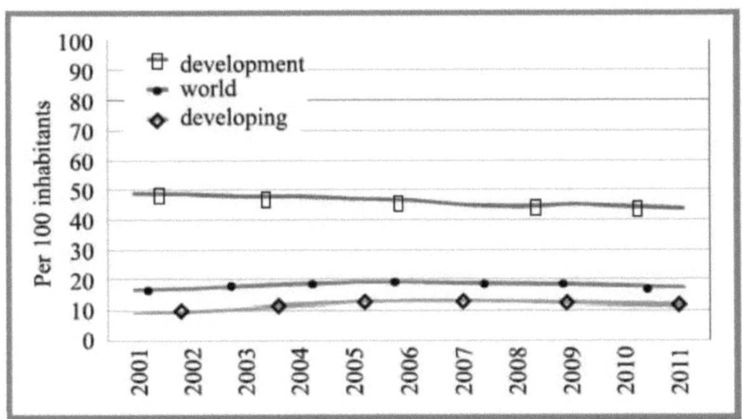

Fig.2 Penetração mundial das linhas fixas por 100 habitantes nos anos 1001 - 2011

Para efeitos de comparação, na Fig.2 mostramos as alterações ocorridas durante a última década na penetração da telefonia fixa, referindo-nos, como anteriormente, a países desenvolvidos, países não desenvolvidos e a uma média mundial.

Obviamente, durante estas décadas, os serviços de telefonia fixa serviram de base para o sistema de telecomunicações do mundo. O desenvolvimento do mercado destes serviços foi reconhecido como um dos factores mais importantes que definem a prosperidade económica e social dos países que dispõem de uma rede de telecomunicações suficientemente bem desenvolvida para fornecer estes serviços. No entanto, como se pode ver na Fig.2, durante décadas de desenvolvimento, a telefonia fixa não obteve êxitos espectaculares na difusão generalizada dos serviços e no desenvolvimento do mercado para a maioria dos cidadãos do mundo. Isto aplica-se, em primeiro

11

lugar, aos países em desenvolvimento, mas também a muitos países europeus. As razões podem ser identificadas como a condição económica muito fraca dos países em desenvolvimento e também, em muitos casos, como uma subestimação das propriedades catalíticas dos sistemas de telecomunicações para o desenvolvimento das economias nacionais.

Em resultado do aparecimento de uma tecnologia alternativa de sistemas e redes móveis, a situação alterou-se a favor do desenvolvimento da nova tecnologia, o que pode ser comprovado pela comparação dos dados da Fig.1 e da Fig.2. Os sistemas móveis revelaram-se não só uma concorrência eficaz nos serviços de voz (telefonia), que foi a razão imediata do declínio da telefonia fixa em todo o mundo, mas também se tornaram um meio de transmissão importante para serviços como SMS, MMS e acesso à Internet.

O declínio médio a nível mundial, incluindo os países em desenvolvimento, não é grande, ver Fig.2. Observa-se um declínio mais acentuado nos países desenvolvidos, o que se deve a uma maior dinâmica de desenvolvimento da telefonia móvel e ao aumento do acesso à Internet através da infraestrutura móvel.

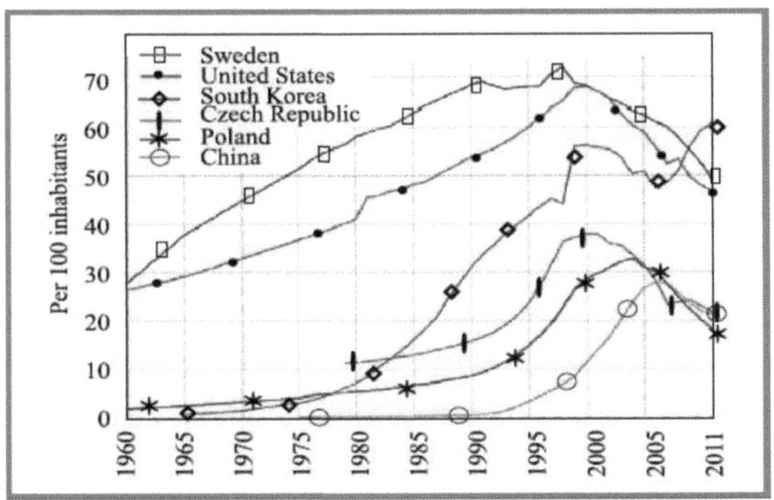

Fig.3 Penetração da telefonia fixa por 100 habitantes em países selecionados, incluindo a Polónia.

Estes fenómenos são mostrados na Fig.3 em relação a alguns países altamente desenvolvidos, incluindo a Polónia, a República Checa e a China, que deve ser considerada como um país desenvolvido [2].

A diminuição da popularidade da telefonia fixa pode ser observada em quase todo o mundo. No entanto, na Coreia do Sul assiste-se a um crescimento significativo, ao passo que na Polónia e na República Checa se observa uma diminuição drástica da penetração, que, além disso, continua a acentuar-se na Polónia. A Fig.3 mostra uma regularidade interessante: vemos que a penetração mais elevada ocorreu por volta da viragem do século, devido ao forte crescimento das telecomunicações móveis. Na China, esse pico foi atingido por volta de 2005, o que é atribuível à prosperidade económica deste país, deslocada no tempo, em relação aos países altamente desenvolvidos.

Na Fig.4, de acordo com os dados da UIT, é apresentado o desenvolvimento do mercado das comunicações móveis medido pela taxa de penetração em alguns países da UE (incluindo a Polónia), na Ásia e nos EUA. A mesma informação relativa à Europa de Leste é apresentada na Fig.5. Neste cenário de desenvolvimento, a Europa é particularmente privilegiada, dado que aqui foram criadas as condições mais favoráveis para o desenvolvimento da norma comum GSM elaborada pelo ETSI. Nos EUA, onde não foi adoptada uma norma comum para os sistemas móveis, o rácio de crescimento foi inferior, como mostra a Fig. 3, embora, no início do processo, a penetração das comunicações móveis nos EUA fosse mais elevada.

A posição da Polónia é elevada neste gráfico, mostrando o nosso sucesso no desenvolvimento deste domínio das comunicações electrónicas. Este é o resultado de uma política reguladora eficaz, assumindo o modelo competitivo de desenvolvimento do mercado desde o início do desenvolvimento do GSM na Polónia. A penetração da telefonia móvel na Polónia no final de 2011 era de 131,6% e no final de 2012 - 140% [3]. No final de 2014, era de 150,2% (ver também a Fig. 13).

Os êxitos no desenvolvimento das telecomunicações móveis nos países mais populosos do mundo - China e Índia - merecem uma reflexão profunda, pois contribuíram para o espetacular sucesso económico e civilizacional destes países.

Embora a penetração das comunicações móveis na China e na Índia ainda não se tenha aproximado dos 100%, os resultados alcançados devem ser reconhecidos como impressionantes, tendo em conta o elevado número de habitantes. A Coreia do Sul merece especial atenção pela consequente adoção de sistemas e redes de comunicações electrónicas com recurso às mais recentes tecnologias de linhas fixas (fibra ótica) e móveis, o que a torna líder na utilização da Internet para aplicações económicas e sociais. Este objetivo tem sido servido, desde há muitos anos, por uma política económica eficaz do Governo do país, que apoia o desenvolvimento de meios de comunicação electrónicos e está orientada para o desenvolvimento de uma economia baseada no conhecimento.

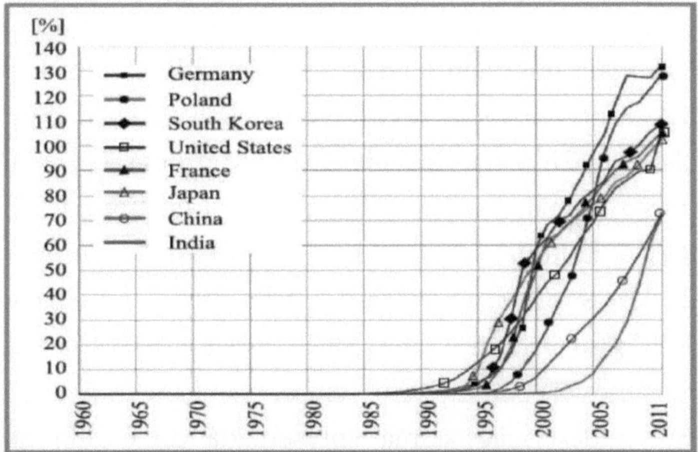

Fig.4 Desenvolvimento das telecomunicações móveis em países selecionados da UE, Ásia e EUA, medido pelo rácio de penetração.

Fig.5 Penetração dos serviços móveis em países selecionados da Europa Central e Oriental e da Rússia

No que diz respeito ao desenvolvimento das telecomunicações móveis, África é o continente mais fraco em termos de desenvolvimento. Em termos de penetração, os principais países africanos são a África do Sul, com uma penetração de 128% no final de 2011, Marrocos (112%), Egito (102%) e Congo (95%). Os países mais fracos em termos de desenvolvimento são a Eritreia (5%), a Etiópia (17%), o Burundi (15%), o Jibuti (22%), a República Centro-Africana (25%) e o Chade (32%). Os países do Médio Oriente e do Médio Oriente e Ásia Central têm telecomunicações móveis bem desenvolvidas.

Como adenda à breve descrição acima apresentada do estado de desenvolvimento das telecomunicações móveis a nível mundial, a seguinte análise da Ericsson [4], Fig. 6, mostra a repartição da penetração das comunicações móveis pelos continentes e por determinadas regiões selecionadas, bem como o rácio de penetração global em setembro de 2012. Surpreendentemente, a penetração mais elevada foi observada na Europa Central e Oriental. Este facto resulta de se ter em conta a Rússia, que atingiu uma taxa excecionalmente elevada de 180% no final de 2011. Provavelmente, este fenómeno ocorre devido a uma certa reação exagerada ao subdesenvolvimento da telefonia fixa na época anterior à transformação nestes países. As restantes posições neste gráfico estão bastante em linha com a classificação geral das economias nacionais dos países localizados nas regiões apresentadas.

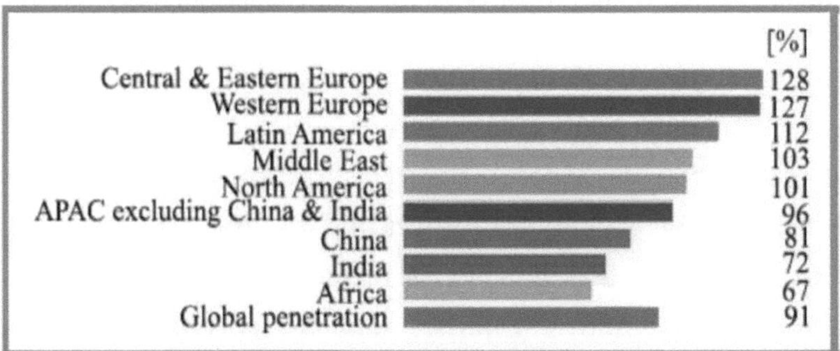

Fig.6 Penetração móvel de acordo com o Ericsson Mobility Report, novembro de 2012 em regiões geográficas selecionadas (APAC - Ásia Pacífico).

O sucesso do desenvolvimento das telecomunicações móveis a nível mundial radica em caraterísticas económicas mais favoráveis para o desenvolvimento de infra-estruturas, uma vez que a rede de acesso por cabo não é necessária e o tempo de construção da rede é muito mais curto do que no caso das redes de acesso por linha fixa.

No entanto, a outra razão deste sucesso é a atratividade e a multiplicidade dos serviços disponíveis através das redes de acesso móvel, em particular nas redes que utilizam variantes melhoradas do GSM, como o HSPA e o LTE.

CAPÍTULO 4

Serviços de telecomunicações móveis

Como já foi referido, os sistemas de comunicações móveis foram concebidos para comunicações telefónicas pessoais. Por este motivo, os primeiros terminais móveis eram simples aparelhos de radiotelefonia. Os serviços de mensagens SMS e, mais tarde, MMS, ganharam grande popularidade, sobretudo os SMS, e depois surgiram os pagamentos móveis, o serviço de GPS, a câmara fotográfica integrada no aparelho, entre outros. Ainda assim, a utilização da infraestrutura móvel para o acesso rápido e ultrarrápido à Internet tem a maior importância, associada à difusão das tecnologias HSPA, HSPA+ e LTE e LTE Advanced. Pode afirmar-se que a infraestrutura móvel está a tornar-se numa infraestrutura de Internet rápida, o que é comprovado pelo gráfico apresentado na Fig.7 de [4]. Aparentemente, a partir de 2009, a transmissão de dados prevaleceu sobre a transmissão de voz no tráfego móvel mundial e esta tendência está a acentuar-se com o passar do tempo. A mesma fonte indica que o tráfego de transmissão de dados pode crescer 12 vezes até ao ano 2018 [4].

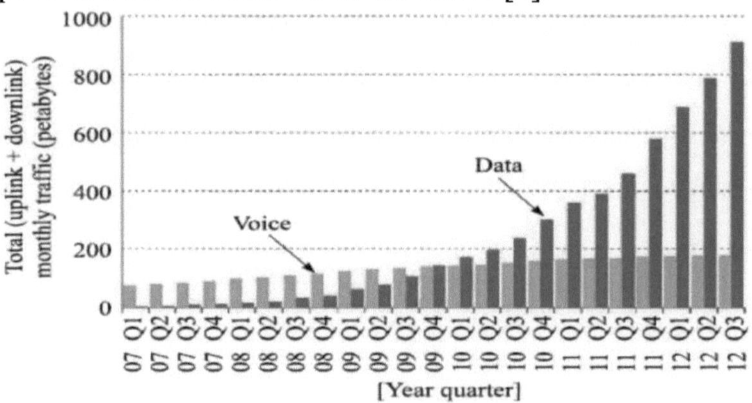

Fig.7 Tráfego global de telecomunicações em redes móveis

É muito provável que a tendência geral para o rácio entre o tráfego de voz e o tráfego de dados seja determinada pelo tráfego nos países mais desenvolvidos. A análise do desenvolvimento da transmissão de dados nas redes da Internet, incluindo as redes móveis, realizada, entre outros, pela Ericsson [4] e pela Cisco [5], indica que o fenómeno do elevado crescimento do tráfego de dados está principalmente ligado à transmissão de filmes (televisão pela Internet, VOD, descarregamento de filmes), que exigem redes de elevado débito e Internet rápida, o que é atribuível a países com uma infraestrutura de telecomunicações rica. Segundo a Cisco, já hoje 50% do tráfego está ligado a este fenómeno, prevendo-se que cresça para 75% até 2016 [5].

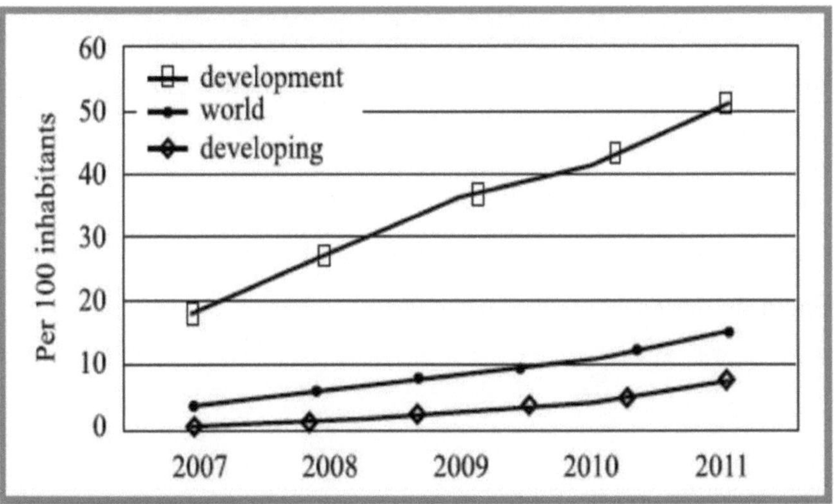

Fig.8 Penetração dos assinantes de Internet móvel de banda larga a nível mundial

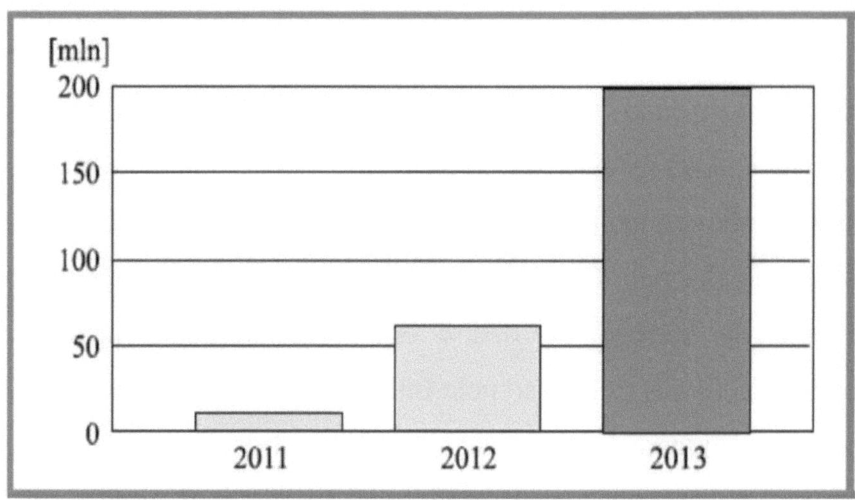

Fig.9 Utilizadores LTE em todo o mundo

Como se pode ver nas Fig.8 e Fig.9, o desenvolvimento técnico e funcional das telecomunicações móveis tende a fazer com que a infraestrutura móvel assuma o papel de principal meio de transmissão da Internet [6]. Este fenómeno é inevitável, principalmente devido à redução dos custos de construção das redes de acesso e a razões técnicas (desenvolvimento da LTE no sentido de elevados débitos de transferência de dados).

CAPÍTULO 5

Os novos terminais para redes móveis impulsionam o sector das telecomunicações móveis e alteram o mercado das TIC.

O progresso no desenvolvimento de terminais móveis tem continuado desde a implementação da telefonia móvel e alargou substancialmente o âmbito dos seus serviços. Durante duas décadas, passámos de aparelhos telefónicos volumosos e pesados que se assemelhavam a caixas (por exemplo, os primeiros terminais para o NMT450) para os actuais smartphones.

Um smartphone com acesso integrado à Internet e outros serviços é um pequeno computador com um sistema operativo específico (Android, iOS), uma memória considerável integrada e um ecrã tátil de grandes dimensões (cerca de 5 polegadas) que substitui o teclado numérico. Alguns aparelhos têm reconhecimento de voz incorporado, permitindo a conversão de voz em texto, o que é útil, por exemplo, para ditar SMS com a voz. O papel atual e futuro dos smartphones na vida quotidiana merece ser lido em [7]. A essência é resumida com a seguinte afirmação: "O smartphone do futuro será um companheiro constante, treinador, colaborador e conselheiro."

A crescente popularidade dos smartphones, causada pela sua versatilidade e pelo rápido aumento do número de aplicações, afecta outras áreas de atividade. Em resultado de experiências realizadas pela Clínica Mayo nos EUA [7], o smartphone foi reconhecido como um dispositivo de diagnóstico totalmente funcional, permitindo a monitorização remota do cérebro, das actividades cardíacas ou do curso da diabetes [8]. Recentemente, o smartphone tem sido utilizado como dispositivo de pagamento de proximidade na norma NFC (Near Field Communication), o que tem um impacto limitador no mercado dos cartões de pagamento. Do mesmo modo, a incorporação do GPS nos smartphones no final da década anterior resultou numa queda da procura e da produção de PND (Portable Navigation Device) independentes [9]. A adição de uma câmara digital aos smartphones, inicialmente com uma resolução média, mas depois constantemente melhorada e hoje comparável à das câmaras compactas populares, limitou significativamente os volumes de vendas dessas câmaras [10]. Vale a pena sublinhar que os telemóveis inteligentes são também utilizados como receptores de televisão móveis, especialmente pelos jovens utilizadores de televisão.

O número de smartphones utilizados em todo o mundo, bem como o seu impacto na atividade dos cidadãos, está a crescer rapidamente. De acordo com as previsões da empresa de consultoria Deloitte, referidas no relatório TMT Predictions 2013 [6], em 2013 o número de smartphones vendidos deverá atingir 1 bilião e, em 2013, o número de smartphones em utilização deverá atingir 2 biliões [6]. O IEEE Spectrum [11] prevê que, nos próximos 10 anos, 5 mil milhões de pessoas terão smartphones para utilização doméstica e profissional.

Na Polónia, o número de smartphones está a crescer rapidamente, como mostra a Fig. 10 extraída de [5]. O número de novos terminais móveis foi de cerca de 10 milhões em 2012 e, de acordo com os dados apresentados na Fig. 10, cerca de 5 milhões eram smartphones. Como o total de vendas de smartphones nos anos anteriores foi de cerca de 5 milhões de aparelhos, pode estimar-se que 10 milhões desses aparelhos funcionaram em 2012 nas redes móveis polacas, ou seja, cerca de 25% do número de terminais móveis activos. Pode igualmente presumir-se que, nos próximos anos, talvez em 2015, os telemóveis inteligentes irão dominar. De facto, em 2016, a percentagem de smartphones na Polónia é de 60% [26] e, provavelmente, em 2020 será de cerca de 100%. Estas mudanças têm um impacto fundamental na difusão dos serviços Internet.

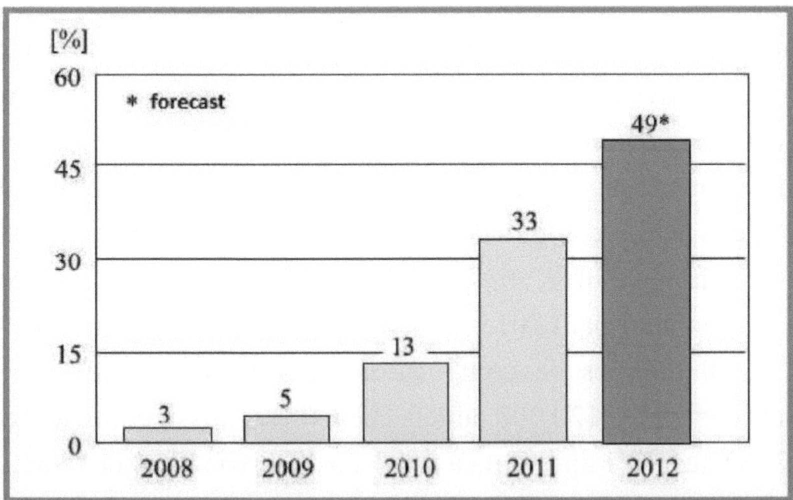

Fig. 10 Quota de smartphones no número total de terminais móveis na Polónia

Em 2010, a Apple lançou o primeiro tablet chamado iPad, que deu início a um rápido desenvolvimento de uma nova geração de computadores pessoais adaptados para utilização móvel. O conceito da Apple para um computador tablet foi rapidamente considerado muito útil e teve muitos seguidores, como a Samsung, a Nokia, a LG, a Microsoft, a Google e outros. O conceito respondia exatamente às necessidades das empresas, cujos empregados necessitam frequentemente de acesso instantâneo aos recursos da rede da empresa a partir de um local remoto.

À semelhança dos smartphones, um tablet tem um ecrã tátil (com cerca de 10 polegadas e resolução HD), mais frequentemente um sistema operativo Android (sistema aberto da Google, introduzido no mercado sem restrições de patentes) e uma potência de computação bastante elevada, comparável à dos computadores portáteis de gama média. Este facto fez com que os tablets se tornassem um verdadeiro sucesso tanto no mercado informático como no mercado móvel. O tablet tornou-se um terminal de Internet móvel que concorre com êxito com o computador portátil, basicamente eliminando do mercado os pequenos computadores chamados netbooks, devido às suas propriedades verdadeiramente móveis, como o peso leve, o tamanho moderado com um ecrã ainda significativo e um controlo por ecrã tátil. De acordo com os dados do mercado de tablets da América do Norte, em 2012, o volume de vendas de computadores portáteis atingiu 64 milhões, enquanto as vendas de tablets atingiram 80 milhões. Mas a previsão de vendas a nível mundial para 2015 aponta para vendas de 276 milhões de tablets e 270 milhões de computadores portáteis. Em 2011, na Polónia, foram vendidos 120 000 tablets e, em 2012, possivelmente 0,5 milhões [12]. O quadro 1 apresenta a previsão da distribuição de tablets nos cinco maiores países da UE, em percentagem da penetração [13]. Algumas outras empresas especializadas [14] prevêem que, nos próximos cinco anos, cerca de 5 mil milhões de tablets entrarão no mercado mundial.

Quadro 1

Penetração de utilizadores de tablets em países selecionados da UE, por percentagem de utilizadores da Internet

Year	2010 [%]	2011 [%]	2012 [%]	2013 [%]	2014 [%]	2015 [%]	2016 [%]
UK	4	9	21	28	35	41	46
Italy	5	10	20	30	37	43	46
Spain	5	10	20	30	37	42	46
France	3	8	18	26	33	39	43
Germany	3	7	17	23	29	35	40
EU-5	3.8	8.5	19	26.8	33.6	39.5	43.8

De acordo com a Fig. 11, a grande maioria dos dispositivos inteligentes conectados são smartphones e tablets, que, no seu conjunto, representam cerca de 70% do mercado mundial, o que comprova igualmente a sua crescente quota no número total de terminais móveis [15].

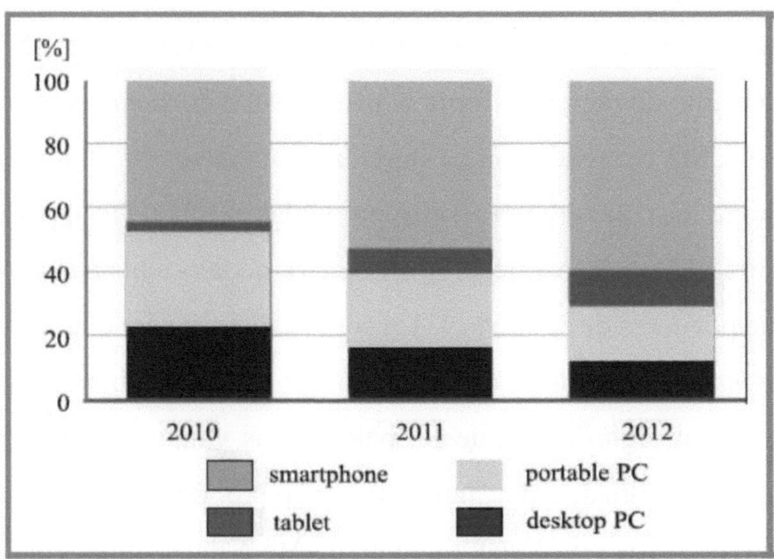

Fig. 11 Quota de mercado mundial de dispositivos inteligentes conectados por

categoria de produto 2010- 1012

A fronteira entre um smartphone e um tablet é convencional, uma vez que os fabricantes de smartphones pretendem aumentar o tamanho do ecrã do smartphone (por exemplo, a Samsung com os seus aparelhos de classe alta Galaxy Note) e, por outro lado, os fabricantes de tablets reduzem os seus custos diminuindo o tamanho do ecrã do tablet, como no caso da Apple e da sua nova série de iPads de tamanho reduzido, a um preço muito mais baixo [12].

Como se pode ver pelos dados enumerados, a importância dos novos terminais inteligentes emergentes nos últimos cinco anos não pode ser subestimada, porque é um catalisador importante para a importância crescente das telecomunicações móveis e do acesso móvel à Internet.

É muito provável que a grande popularidade dos smartphones e dos tablets seja ainda um privilégio dos países desenvolvidos, devido aos preços ainda bastante elevados dos dispositivos. De acordo com a IDC [15], o preço médio do tablet é inferior a 461 USD e o do smartphone é inferior a 408 USD e a tendência de descida mantém-se. Na Polónia, um smartphone de classe alta Samsung Galaxy S3 LTE estava disponível em 2013 por cerca de 2100 PLN, e o modelo mais elevado do Apple iPad por cerca de 3500 PLN. Tal como acontece com qualquer produto de massa popular, os preços dos smartphones e dos tablets irão, sem dúvida, baixar significativamente, pelo que as vantagens da sua utilização serão partilhadas por um maior número de utilizadores, incluindo os dos países em desenvolvimento. Até à data, os modelos mais simples de terminais móveis, que estão a deixar de ser utilizados no mundo desenvolvido, continuam a ser utilizados nos países em desenvolvimento.

CAPÍTULO 6

Telecomunicações móveis na Polónia

Como já foi referido, a era das comunicações móveis começou na Polónia em 1992, com a criação da empresa Centertel, associada ao operador de telecomunicações Telekomunikacja Polska SA. No entanto, a verdadeira marcha para o sucesso começou em 1996, com a introdução na Polónia do sistema GSM e as suas posteriores melhorias. A Polónia foi, de facto, bem sucedida neste domínio, como já foi sublinhado e está comprovado nas figuras 4 e 5. A medida deste sucesso é também o facto de o valor do mercado das comunicações móveis representar 60% do valor do mercado total das telecomunicações [3]. De acordo com os dados publicados no relatório do UKE sobre o estado do mercado das telecomunicações na Polónia em 2016, o valor de todas as telecomunicações ascendeu a 39,42 mil milhões de PLN, dos quais 42% representam o valor do mercado móvel [26].

De acordo com os dados do GUS [16], existiam 23 operadores móveis no mercado em 2011, sendo os maiores: Polkomtel, T-Mobile, Orange, Play, sendo que as quatro tinham as suas próprias infra-estruturas de rede a nível nacional. Em 2016, o número total de operadores móveis era de 29, dos quais 5 MNO (operadores de redes móveis com infra-estruturas técnicas próprias) e 24 MVNO (operadores de redes móveis virtuais) [26]. A descrição mais completa da infraestrutura das redes móveis e da área de cobertura é dada no relatório do UKE (Gabinete de Comunicações Electrónicas - organismo regulador na Polónia) [17]. O relatório foi criado em conformidade com a lei [18] de 2010 votada com o objetivo de racionalizar os processos de investimento em redes de telecomunicações, nomeadamente para aumentar a eficiência da utilização dos meios financeiros dos programas de ajuda da UE. A lei obriga as entidades económicas em causa a comunicar ao UKE informações adequadas sobre o estado das suas infra-estruturas e o UKE a publicar essas informações no respetivo relatório anual. Os dados para o relatório são preparados pela UKE com a ajuda do Instituto Nacional de Telecomunicações. As questões relativas ao desenvolvimento das infra-estruturas móveis e fixas, nomeadamente no que se refere ao desenvolvimento dos serviços Internet, são também apresentadas em [19].

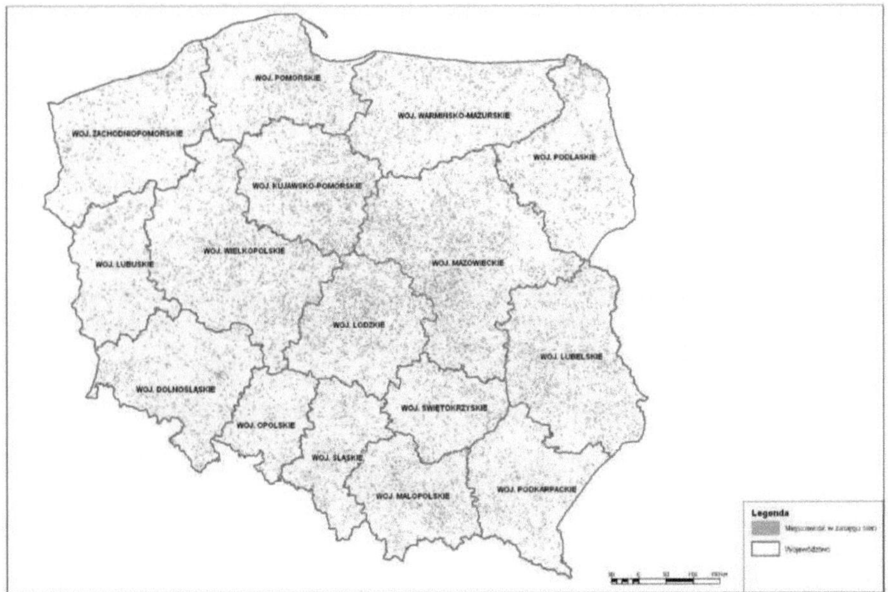

Fig. 12 Cobertura da rede do operador móvel Centertel (Orange) [18]

A análise dos dados contidos nos relatórios [17] e [19] revela que a cobertura do serviço móvel é irregular e é óbvio que as regiões privilegiadas são: Polónia Central, Pequena Polónia, Silésia, Grande Polónia e Gdansk-Pomerânia. Os mapas de cobertura dos três principais operadores: T-Mobile, Orange e Play são semelhantes, no entanto, o mapa da Polkomtel não é representativo devido ao facto de o operador não fornecer os dados pertinentes. Na Fig. 12, retirada de [17], mostramos o mapa de cobertura da rede Centertel (Orange). A Fig. 12 mostra o mapa da Polónia dividido em voivodias com pontos coloridos correspondentes a localidades dentro da cobertura da rede Orange. Parece que a cobertura desta rede está distribuída uniformemente pelo território do país.

Considerando a cobertura das redes móveis e as elevadas taxas de penetração (ver Fig. 4 e 5), pode afirmar-se que praticamente todos os cidadãos da Polónia têm acesso a serviços de telecomunicações móveis. Nos últimos dois anos, ocorreram acontecimentos importantes que podem ter um impacto significativo no desenvolvimento das infra-estruturas de telecomunicações móveis. Trata-se, sobretudo, do sistema LTE e, por conseguinte, dos serviços Internet.

As primeiras implementações de LTE na Polónia surgiram logo após as primeiras instalações comerciais deste sistema nos EUA e na Escandinávia.

Em outubro de 2011, a empresa Polkomtel foi comprada pela holding Z.Solorz por um montante sem precedentes de 18,3 mil milhões de zlotys, motivada principalmente pela intenção de construir uma poderosa empresa de telecomunicações e meios de comunicação social orientada para o desenvolvimento da LTE e, consequentemente, da Internet rápida na Polónia. De acordo com a informação partilhada pelo Diretor da Polkomtel [20], os serviços LTE já estão provavelmente a ser oferecidos a cerca de 20 milhões de cidadãos na Polónia, em mais de 3.300 localidades, incluindo 156 cidades com mais de 20.000 habitantes.

Desta forma, a participação da Solorz criou uma verdadeira alternativa de concorrência para os fornecedores de serviços de Internet de banda larga fixa. Na Polónia, à semelhança de outros países que utilizam o acesso via rádio, o desenvolvimento da Internet móvel LTE está naturalmente limitado pela escassez de espetro de frequências disponível.

Em 13 de fevereiro de 2013 foi publicado o resultado do concurso anunciado em 2012 para a reserva de frequências na banda de 1800 MHz destinadas ao desenvolvimento do sistema LTE e, por conseguinte, da infraestrutura da Internet móvel na Polónia [21]. Os vencedores do concurso foram: o operador Play com 3 blocos de 5 MHz cada (total de 15 MHz) e o operador T-Mobile com 2 blocos (10 MHz). Em resultado deste concurso, o Tesouro Público recebeu uma receita de cerca de 950 milhões de PLN. Isto indica um grande interesse no desenvolvimento do LTE, não só por parte da Solorz, mas também por parte de outros operadores.

Prevê-se outro concurso (sob a forma de leilão) em 2013 para a parte da banda de 800 MHz[22], que constitui o dividendo digital associado à transição para o digital da televisão terrestre na Polónia e foi ocupada para aplicações militares até 2012. O espetro dos 2,6 GHz (e bandas superiores) também pode estar disponível, mas a banda dos 800 MHz é mais atractiva devido a um custo de investimento na rede relativamente mais baixo do que no caso das frequências mais altas. A antiga Presidente do UKE, Magdalena Gaj, estimou em 2013 [22] que, com a disponibilização deste espetro de frequências [21] aos investidores, o LTE pode abranger 90% do território do país, e o leilão previsto para as frequências da banda de 800 MHz permitirá alargar os serviços LTE a zonas menos desenvolvidas. De facto, em 2016, nas redes dos principais operadores de telemóveis da Polónia, os serviços LTE estavam acessíveis a mais de 90% da população polaca e os serviços 3G praticamente a 100% [26].

O estado atual e a evolução da penetração dos serviços móveis celulares na Polónia são apresentados na Fig. 13. A queda do índice de penetração em 2015-2016 está relacionada com a recente adoção da nova lei que introduziu a obrigação de registo dos cartões SIM pré-pagos (anteriormente não registados) e também com a retirada pelos operadores dos cartões SIM não utilizados.

Vale a pena acrescentar que a Polónia, com uma penetração de 144,2%, ocupa o 6.º lugar entre os membros da UE no que respeita ao desenvolvimento dos serviços móveis em 2016 [25].

Obviamente, as redes de telecomunicações móveis e fixas criam a infraestrutura comum do sistema de Internet do país. Esta infraestrutura é desenvolvida passo a passo devido aos esforços técnicos e financeiros do Estado e dos operadores para construir uma rede de modems de Internet de alta velocidade na Polónia, de acordo com os requisitos da NGA (velocidade de ligação descendente de pelo menos 30 Mbps). Neste contexto, foi criado na Polónia um programa especial para este efeito, denominado POPC Polónia Digital (Programa Operacional Polónia Digital) [27]. As acções incluídas no programa são fortemente apoiadas pela UE e os fundos previstos para este objetivo nas perspectivas financeiras 2014-2020 são de 1 020 222 652 EUR [27].

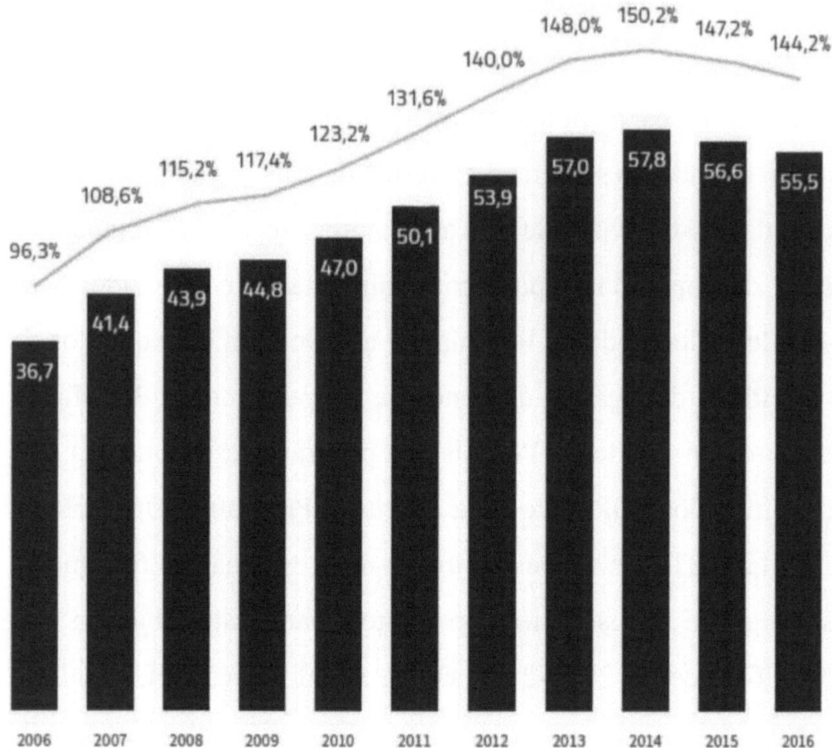

Fig. 13 Número de utilizadores de comunicações móveis em milhões e percentagem de penetração dos serviços móveis na Polónia [25]

CAPÍTULO 7

Aceleração prevista das telecomunicações móveis em resultado da decisão da WRC-15

As Conferências Mundiais de Radiocomunicações (WRC) são organizadas pela UIT de três em três ou de quatro em quatro anos. O principal objetivo das WRC é analisar e, se necessário, rever o Regulamento das Radiocomunicações e a utilização do espetro de radiofrequências.

Em novembro de 2015, realizou-se em Genebra a próxima Conferência Mundial das Radiocomunicações (WRC-15), que tomou decisões importantes sobre o futuro desenvolvimento das telecomunicações móveis [28]. Em especial, diz respeito à utilização da banda de 700 MHz que foi atribuída para o desenvolvimento do sistema de comunicação celular 5G. Esta gama de frequências (694 - 790 MHz) foi recuperada devido à transição para o digital da televisão terrestre e, por conseguinte, é designada por "dividendo digital" (ou seja, exatamente como dividendo 2). Esta banda é particularmente interessante devido aos benefícios resultantes do maior alcance da propagação das ondas electromagnéticas nesta banda (em comparação com as bandas de frequência mais elevadas).

De acordo com a decisão da WRC-15, a banda de 700 MHz deverá estar disponível para comunicações móveis nos países da Região de Radiocomunicações 1 (Europa, África, Médio Oriente e Ásia Central) a partir de 2020.

A WRC-15 tomou decisões semelhantes também no que respeita às bandas superiores: na banda L: 1427-1518 MHz e na parte inferior da banda C: 3,4-3,6 GHz, o que diz respeito sobretudo ao desenvolvimento futuro.

Tendo em conta as numerosas virtudes do sistema 5G, presume-se a sua rápida e grande carreira no desenvolvimento de todas as comunicações electrónicas e o seu grande impacto em muitos ramos da economia e da vida social em todo o mundo. Neste contexto, a UE elaborou e publicou em 2016 um documento especial intitulado "5G para a Europa: An Plano de Ação" [29], no qual o 5G é designado como "uma oportunidade estratégica para a Europa".

Tendo em conta o que precede, a Comissão Europeia da UE propôs os seguintes objectivos para os Estados-Membros da UE no desenvolvimento das comunicações móveis 5G:

1. Objetivo estratégico para 2025: acesso à Internet a gigabits para todos os locais que são a força motriz do desenvolvimento socioeconómico, como escolas, nós de transporte e principais locais de serviços públicos, bem como para as empresas que desenvolvem actividades intensivas na Internet.

2. Objetivo estratégico para 2025: acesso ininterrupto às redes 5G em todas as zonas urbanas e em todos os principais eixos de transporte.

3. Objetivo intermédio para 2020: fornecer comunicações 5G como um serviço comercial plenamente desenvolvido numa ou mais cidades importantes de cada Estado-Membro, em ligação com a introdução da rede 5G no mercado em 2018.

4. Objetivo estratégico para 2025: todos os agregados familiares na Europa, tanto nas zonas rurais como nas urbanas, terão acesso à Internet com um débito de ligação descendente de, pelo menos, 100 Mbps, com a possibilidade de atualização para débitos medidos em gigabits.

A Comissão prevê que a nova geração do sistema 5G nos proporcione um sistema de comunicação convergente com redes com e sem fios que proporcionará conetividade não só a utilizadores individuais, mas também a objectos ligados entre si, tornando-a uma verdadeira Internet das Coisas (loT). Entre as muitas aplicações do sistema 5G, podemos prever, por exemplo, a condução assistida nos transportes, a saúde em linha, a gestão da energia, a economia de dados e outras. Isto significa que a futura infraestrutura 5G pode criar uma realidade totalmente nova para o desenvolvimento da economia e para a criação da "sociedade digital".

Vale a pena sublinhar também que a ampla implementação das redes 5G, juntamente com as redes de acesso FTTH de nova geração, criará novas perspectivas para o desenvolvimento da IPTV na televisão de ultra e super alta densidade (serviços de vídeo na Internet), denominada 4KTV e 8KTV.

CAPÍTULO 8
Conclusão

O progresso da ciência e da tecnologia, associado, em primeiro lugar, a novas capacidades de atingir velocidades elevadas de transmissão de dados digitais, criou inesperadamente uma nova alternativa para o desenvolvimento da infraestrutura de telecomunicações de banda larga, que utiliza sistemas móveis.

Até há pouco tempo, antes do desenvolvimento dos sistemas LTE e 5G, a tecnologia de fibra era considerada perfeita e útil para todos os sistemas conhecidos de comunicações electrónicas (tecnologia FTTH - Fiber To The Home). Continua a sê-lo, pois é tecnologicamente perfeita, estável e segura. Os sistemas móveis (baseados em rádio) têm as suas limitações naturais ligadas à propagação de ondas electromagnéticas no espaço livre, tais como a dependência das condições meteorológicas, a dependência da taxa de bits efectiva da distância da estação de base, bem como do tráfego gerado pelo assinante, entre outras. No entanto, os sistemas LTE e 5G apresentam inúmeras vantagens económicas e funcionais (mobilidade), pelo que podem competir com as redes fixas de acesso por fibra ótica.

Na Polónia, a infraestrutura de telecomunicações de banda larga tem de ser construída praticamente em todo o lado, porque é uma condição necessária para o desenvolvimento social e económico e é um objetivo importante da estratégia da UE conhecida como Agenda Digital para a

Europa (DAE) [30].

Na Polónia, foram empreendidos muitos projectos com o apoio do financiamento da UE, com vista à expansão da infraestrutura de telecomunicações de banda larga, principalmente no âmbito da construção de redes de acesso de linha fixa (cabo) e de espinha dorsal (fibra), descritos em linhas gerais em [19]. Estes projectos criam oportunidades para melhorar substancialmente o estado da infraestrutura de telecomunicações em todo o país e realizar os objectivos do DAE [30]. Isto foi expresso através da criação de 16 programas regionais atualmente em execução, bem como de um grande programa para a Polónia Oriental, todos eles relacionados com a construção da infraestrutura de banda larga.

Felizmente, para além destes projectos resultantes da iniciativa dos operadores de telecomunicações interessados, foram empreendidas acções com vista à expansão da infraestrutura móvel de banda larga, associadas a implementações de LTE em larga escala.

A holding das empresas Z.Solorz orientou-se para o desenvolvimento da rede LTE e já está a fornecer serviços LTE de banda larga. Foi disponibilizado um novo espetro de frequências para a construção de novas redes de acesso LTE. Em 2013, foi realizado um leilão para o espetro adicional (800 MHz). Em conjunto, podem conduzir a uma aceleração substancial do desenvolvimento da infraestrutura de banda larga polaca e a novas oportunidades para a totalidade dos sistemas móveis. Estima-se que, em resultado destas acções, a possibilidade de alcançar o principal objetivo da DAE no que respeita à difusão do acesso rápido à Internet na Polónia - garantir a todos os cidadãos uma velocidade de acesso de 30 Mbps até 2020 - se torna mais realista do que parece, tendo em conta o estado dos nossos actuais recursos, como descrito em [19].

A forte tendência para a substituição sucessiva dos terminais móveis pela nova geração de dispositivos inteligentes conectados, capazes de permitir o acesso móvel a muitos serviços actuais e futuros, constitui um resultado favorável para os planos acima referidos.

Os novos terminais móveis estão a mudar não só as comunicações electrónicas, mas também o mercado das TIC, devido, em primeiro lugar, às importantes mudanças no mercado dos PC, no que diz respeito ao crescimento da procura de tablets e à queda da procura de computadores pessoais, principalmente computadores de secretária, mas também computadores portáteis. A nova tecnologia recentemente implementada, a chamada *computação em nuvem*, está a contribuir para estas importantes mudanças no mercado das TIC.

As implementações do sistema 5G previstas para um futuro próximo criarão perspectivas particularmente novas não só para as comunicações em banda larga, mas também para o desenvolvimento de muitos domínios da vida social e das actividades económicas, de acordo com os resultados anunciados da WRC15 e os planos da UE expressos em [29].

Neste contexto, tendo em consideração todas as circunstâncias mencionadas, podemos afirmar que estamos a entrar passo a passo na nova era prevista e designada por Steve Jobs em 2007 como *computação pós-PC*.

Pode dizer-se também que estamos a caminhar para a sociedade digital, de acordo com as perspectivas ligadas ao desenvolvimento e à ampla implementação do sistema móvel 5G.

Referências

[1] M. Zawadzki, "Obama da internet", *Gazeta Wyborcza,* 05.02.2013 (em polaco).

[2] ITU [Online]. Disponível: http://www.itu.int/ITU-D/ict/statistics

[3] "Raport o stanie rynku telekomunikacyjnego w Polsce w 2011 roku", Prezes UKE, Warszawa, Juni 2012 [Em linha]. Disponível: http://uke.gov.pl/files/7id plik= 10317

[4] "Ericsson Mobility Report" [Online]. Disponível: http://www.ericsson.com/ericsson-mobility-report

[5] M. Domahski "Nowe technologic kompresji obrazu ruchomego dla nowych uslug multimedialnych", *Przeglqd Telekomunikacyjny,* nr 8-9, 2012 (em polaco).

[6] http://www.deloitte.com/view/pl

[7] D. Siewiorek, "Generation smart-phone", *IEEE Spectrum*, n.º 9, 2012.

[8] K. Urbanski "Medyczna kariera smartfona", *Rzeczpospolita,* 03.10.2012 (em polaco).

[9] A. Stanislawska "Jesli nawigacja, to w smartfonie", *Rzeczpospolita,* 08.01.2013 (em polaco).

[10] A. Stanislawska "Smartfony zjadajq malpki", *Rzeczpospolita,* 29-30.08.2012 (em polaco).

[11] S. Hassler, "Our Smartphons, Ourselves", *IEEE Spectrum,* n.º 9,

2012.

[12]   A. Stanislawska, "iPad w odwrocie", *Rzeczpospolita,* 07.11.2012 (em polaco).

[13]   http://www.emarketer.com/Articles

[14]   A. Stanislawska "Smartfony potwierdzajq swojy dominacj^", Rzeczpospolita, 23.01.2013 (em polaco).

[15]   "A mobilidade reina como o dispositivo inteligente ligado. ", Comunicado de imprensa da IDC [Online]. Disponível em: http://www.idc.com

[16]   "Lycznosc - wyniki dzialalnosci w 2011 r.", Glowny Urzyd Statys- tyczny, Warszawa, 2012 [Em linha]. Disponível: http ://www. stat.gov.pl/transport laczosc

[17]   "Raport pokrycia terytorium Rzeczypospolitej Polskiej istniejycq in- frastrukturq telekomunikacyjny", Prezes UGE, Warszawa, Juli 2012 [Em linha]. Disponível: http://uke.gov.pl/files/7id plik=l0365

[18]   Ustawa z dnia 7 maja 2010 o wspieraniu rozwoju ushig i sieci teleko-munikacyjnych, Dz. U., nr 106, poz. 675 (em polaco).

[19]   A. Zielinski, "Stan i perspektywy rozwoju infrastruktury telekomu- nikacyjnej w Polsce", *StudiaBAS,* no. 4(32), pp. 9-38, 2012 (em polaco).

[20]   U. Zielinska, "Inwazja Plusa na teren TP", *Rzeczpospolita,* 08.02.2013 (em polaco).

[21]   Urz^d Komunikacji Elektronicznej [Online]. Disponível: http://www.uke.gov.pl/przetargi-na-czestotliwosci

[22]   M. Gaj, "90% Polakow w zasi^gu LTE za 2 lata", *Rzeczpospolita,* 4.02.2013 (em polaco).

[23]   U. Zielinska, "Portfel w komorce", *Rzeczpospolita,* 19.10.2012 (em polaco).

[24]   M. Lemanska, "Przybywa fanow tabletow", *Rzeczpospolita,* 29.11.2012 (em polaco).

[25]   M. Lemanska, "Miliard tabletow zaleje rynek", *Rzeczpospolita,* 30.01.2013 (em polaco).

[26] Prezes UKE, "Raport o stanie rynku telekomunikacyjnego w Polsce w 2016 roku", Warszawa, czerwiec 2017

[27] Ministerstwo Cyfiyzacji - Opis projektu Polska Cyfrowa PO PC 2014-2020, www.mc.gov.pl/projekty/polska-cyfrowa-po-pc-2014-2020.

[28] "A Guide to WRC-15, Agenda Item 1.1", GSMA, Reino Unido, 2015 (https://www.gsma.com/spectrum/wp-content/uploads/2015/07/Guide-to-WRC-15-AI-L1.pdf)

[29] . "5G para a Europa: Um Plano de Ação", Bruxelas, 14.9.2016, Com)2016) 588 final

[30] "Agenda Europeia para a Europa: iniciativas-chave", Comissão Europeia, MEMO/10/200, Bruxelas, 19 de maio de 2010 (http://europa.eu/rapid/press-release_MEMO-10-200_en.htm).

yes
I want morebooks!

Buy your books fast and straightforward online - at one of world's fastest growing online book stores! Environmentally sound due to Print-on-Demand technologies.

Buy your books online at
www.morebooks.shop

Compre os seus livros mais rápido e diretamente na internet, em uma das livrarias on-line com o maior crescimento no mundo! Produção que protege o meio ambiente através das tecnologias de impressão sob demanda.

Compre os seus livros on-line em
www.morebooks.shop

info@omniscriptum.com
www.omniscriptum.com